27

NOTICE BIOGRAPHIQUE

SUR

M. L'ABBÉ AUBERT

NOTICE BIOGRAPHIQUE

SUR

M. L'ABBÉ AUBERT

CURÉ-DOYEN DE SAINT-REMI

Par l'Abbé DEGLAIRE

AUMONIER DU LYCÉE IMPÉRIAL DE REIMS

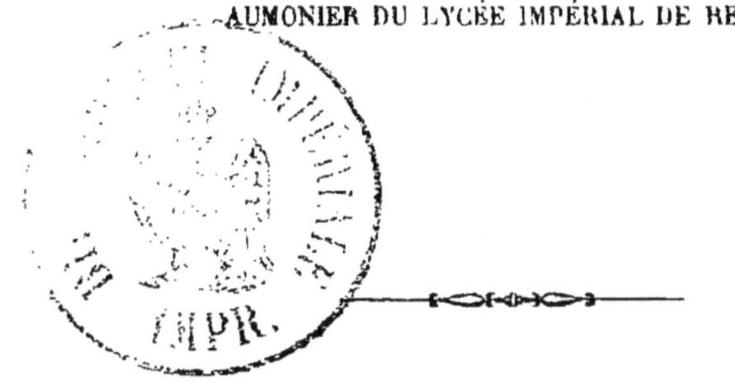

REIMS

P. DUBOIS et Cⁱᵉ, Libraires - Editeurs

(V. Geoffroy, Gérant), rue Pluche, 24

—

RAIVE-PIGNOLET, Libraire, rue Saint-Etienne

—

1870

NOTICE BIOGRAPHIQUE

SUR

M. L'ABBE AUBERT

CURÉ-DOYEN DE SAINT-REMI

Si la génération qui passe ne devait jamais s'éteindre, je garderais le silence de la tristesse, je ne chercherais pas à retracer la vie du *bon curé de Saint-Remi* que la mort vient de ravir inopinément à l'affection de sa famille, à la reconnaissance des pauvres, à l'édification de ses frères dans le sacerdoce, à l'estime de tous ses concitoyens. Je dirais : les œuvres de sa foi et de sa charité sont écrites dans tous les esprits ; elles sont gravées dans tous les cœurs ; ce livre et cet album suffisent.

Mais nous durerons un jour, et demain, ces deux recueils descendront avec nous dans la tombe ; il faut donc, si nous voulons que nos sentiments demeurent et que nos souvenirs se perpétuent, chercher un autre gardien à la mémoire du saint prêtre que nous pleurons : or, il n'y a que l'histoire qui puisse sauver à

jamais de l'oubli, son nom, son zèle, son désintéressement, et telle est la considération qui détermine ma
piété filiale à donner une notice, sur le pasteur dévoué
que j'étais si heureux, si fier, d'aimer et de vénérer
comme un père.

M. François-Nicolas Aubert a souvent répété qu'il
marchait avec le siècle ; en effet, sa naissance remonte
au mois de Juillet de l'année 1801. Il vint au monde
à Sévigny-la-Forêt, petit village des Ardennes, tout-à-
fait voisin de Rocroi, la ville qui donna son nom à la
célèbre victoire remportée par le duc d'Enghien sur les
vieilles bandes espagnoles de Francisco de Melas.

Ce serait ici le lieu de produire la longue liste de
ses ancêtres, et certes, je le pourrais, car j'ai sous les
yeux sa double généalogie paternelle et maternelle,
depuis le XVIe siècle ; mais qu'il me suffise de rappeler que déjà, à cette époque reculée, la foi était le riche
patrimoine des deux familles et que Dieu s'est toujours
plu dès lors, à recruter chez elles ses ministres. Je n'en
veux pas donner d'autre preuve que celle-ci : Jean-
Louis Aubert, marchand de bois, père de mon héros,
était frère d'un prêtre ; Marie-Juliette Sommé, mère de
mon héros, était sœur de deux prêtres et d'un lévite
que la mort a surpris en exil, avant le sacerdoce.

Le jeune François que le bon Dieu voulait appeler
un jour à compatir si largement à toutes les douleurs,
devait sans doute, afin de les mieux comprendre, n'en
ignorer aucune, aussi le futur protecteur des orphelins
a-t-il d'abord porté lui-même leur nom et connu leur
malheur. A trois ans, il n'avait plus de mère ; à huit
ans, il n'avait plus de père.

Je passerai rapidement sur la première phase de sa
vie ; car on devine assez, sans qu'il soit nécessaire de
les exprimer, les embarras et les tristesses d'une maison

qui n'est plus habitée que par sept pauvres petits enfants en deuil. Toutefois la Providence qui reste attentive, même quand elle frappe, leur avait ménagé des oncles et des tantes dévoués qui soutinrent leur courage et guidèrent leur inexpérience.

François était le Benjamin de la famille ; c'est insinuer suffisamment que ses frères et ses sœurs lui ont prodigué les soins et les caresses. Il grandit comme tous ses camarades du village, en faisant deux parts de son temps ; l'une, qu'il passait à l'école ; l'autre, qu'il passait aux champs. Ceux de ses contemporains qui lui survivent, interrogés récemment par leur bien-aimé pasteur, rendirent à leur ami ce témoignage : « Nous l'avons toujours connu simple, bon, surtout actif ; très jeune, il excellait à faucher les foins. »

Mais je manquerais de sincérité, et j'omettrais une partie de cette déposition, si je ne mentionnais pas ici un coup d'adresse malheureux que tout le monde du reste a appris de la bouche même du coupable. Un soir après la classe, François s'exerçant avec ses compagnons à lancer des pierres, avait pris pour point de mire, le sommet du clocher. Or, un des projectiles, trop bien dirigé, au lieu de revenir seul, descendit avec la queue du coq mutilé qui est encore aujourd'hui sur l'Eglise de la Forêt. Le bon curé de Saint-Remi n'attendait plus depuis longtemps, pour remplacer sa victime et réparer ainsi la peccadille de son enfance, que le jour impatiemment désiré où son pays natal aurait reconstruit un nouveau temple, digne de la piété de ses habitants.

Avant de quitter les champs et d'échanger la faux contre la plume, François, alors âgé de 14 ans, vit de ses yeux, entrer en Belgique, parfaite de tenue, belle de confiance et d'entrain, la vaillante armée qui devait, auprès de Waterloo, se rendre non pas à ses vainqueurs, mais à la mort : hélas, il vit aussi quelques jours plus tard, repasser sans ordre, les habits en lambeaux, les quelques braves que l'ennemi n'avait pas voulu tuer ou n'avaient tués qu'à moitié. « On ne peut pas imaginer un plus lamentable spectacle, a-t-il répété mille fois, toujours avec le même accent d'émotion ; et il ne manquait jamais d'ajouter : non, je ne voudrais pas offrir un autre tableau, pour convertir à la paix tous les amis de la guerre. »

Toutefois au lendemain de cette affreuse déroute, à la nouvelle que les Prussiens et les Saxons approchent, François se range malgré sa jeunesse, avec tous les preux Forestiers, sous la conduite de Jean son frère aîné, qui l'année précédente, en combattant avec succès à Maubert-Fontaine contre les Cosaques, avait eu le doigt emporté par un éclat de son arme ; mais cette seconde expédition n'eut pas de suite. Avant l'arrivée des ennemis, l'ardeur martiale de nos guerriers improvisés s'était complétement réfroidie. Comprenant l'inutilité de la résistance, ils se résignèrent à aller rejoindre les femmes et les jeunes enfants qui s'étaient retirés dans les bois avec le mobilier, le bétail et les provisions. La famille Aubert avait dressé sa tente, à peu près à moitié chemin de Sévigny au Tremblois, sous un hêtre que l'on peut voir encore aujourd'hui.

Puisque j'ai fait allusion à ce campement, je croirais manquer à un devoir, en ne publiant pas ici le nom et le courage d'une femme qui fut alors la Providence de son pays. Marie-Josèphe Sommé, tante maternelle du jeune Aubert, avait voulu suivre en exil ses deux frères, confesseurs de la foi ; pendant neuf ans elle avait habité la Prusse et elle connaissait parfaitement la langue allemande. Or cette femme inaccessible à la crainte, résolut de ne pas s'éloigner de sa maison, et elle attendit seule, l'arrivée des soldats étrangers. Comme elle l'avait deviné, ils la supplièrent en l'entendant parler leur langue, de vouloir bien être leur interprête auprès des Français ; grâce à ce bon office qu'elle leur rendit, non seulement elle fut exempte d'impôts, mais encore elle réussit à faire alléger les charges qui pesaient sur tous ses frères.

Je reviens au jeune François. Il a atteint cet âge où l'homme commence à se recueillir pour méditer sur cette question sérieuse : que ferai-je un jour? Or, de même que l'enfant élevé parmi les soldats et bercé par des histoires de batailles, aspire presque toujours à l'état militaire ; de même notre orphelin qui n'avait que des oncles prêtres et qui ne s'était jamais endormi qu'en priant Dieu, devait tout naturellement aspirer au sacerdoce. Il sentit en effet dans son cœur, le désir d'entrer au Séminaire. Ses parents étaient trop chrétiens pour ne pas applaudir à sa pieuse intention ; ils le conduisirent donc à Charleville pour y commencer ses études. Qui devinerait les peines qui attendent le nouvel élève du sanctuaire ? Cette âme si droite, si résolue, devait être soumise à la cruelle épreuve du doute et passer par toutes les tortures de l'indécision. Au bout de quelques mois, le séminariste, abandonne un beau matin ses livres et reprend le chemin de son pays. « Je ne veux plus continuer, dit-il à sa famille étonnée de le revoir tout à coup ; j'aurais peur qu'on ne m'accusât plus tard d'être entré dans les ordres par ambition, uniquement parce que j'étais le neveu des curés de Saint-Jacques et de Saint-Remi de Reims. » Ses frères et sœurs respectèrent ses scrupules, ils ne lui adressèrent aucun reproche. On coupait précisément les foins, François reprit la faux, cet instrument qu'il maniait si bien.

Toutefois, il ne retrouva pas le calme de son esprit ; après avoir craint d'entrer sans vocation, dans l'état ecclésiastique, il se demanda avec frayeur, s'il ne résistait pas à l'appel de Dieu, en se fixant au milieu du monde. Le moyen de servir à la fois deux alternatives si différentes ne paraissait pas facile à trouver, cependant il existait. Une de ses sœurs, Jeanne-Marie, retournait à Reims où elle habitait chez son oncle, M. l'abbé Sommé ; il la suivit pour aller soumettre ses impressions à ses tuteurs dévoués et solliciter leurs sages conseils. Il fut décidé que sans retourner au Séminaire, afin de n'engager en rien sa liberté pour l'avenir, il reprendrait néanmoins le cours de ses études ; c'est l'oncle de Saint-Remi qui se constitua le professeur de son neveu ; il le conduisit jusqu'à la fin de sa quatrième, puis il l'envoya suivre comme externe, les cours du collége des Bons Enfants, dont M. Legros était alors proviseur. M. Aubert fit sa troisième en l'année scolaire 1818-1819 sous M. Drouet, et obtint au jour solennel de la distribution des prix, quatre nominations, entr'autres, un accessit d'excellence et un prix de thême latin. Mais pour apprécier ce succès à sa juste valeur, il faut se souvenir que le programme des études était à cette époque, plus simple qu'aujourd'hui et qu'un seul élève de la classe, M. Andouillé de Rocroi, avait été appelé cinq fois.

Pendant un séjour de trois années à la cure de Saint-Remi où Dieu s'était plu sans doute à l'amener, afin de l'attacher dès l'enfance à la paroisse qui devait avoir les affections de toute sa vie, François avait eu le temps de réfléchir. Il déclara donc une nouvelle fois qu'il se sentait appelé au sacerdoce, et, au mois d'octobre 1819, il rentra comme élève de seconde au Séminaire de Charleville. Les archives de cet établissement diocésain uni au collége de la ville, depuis leur commune origine, en 1807, ne remontent pas au-delà de 1834 ; il ne m'a donc pas été possible d'obtenir du bienveillant supérieur qui le dirige aujourd'hui, la liste détaillée des nombreux succès que M. Aubert a obtenus jusqu'à la fin de ses classes.

Mais à défaut de la tradition écrite, j'ai consulté la

tradition vivante, et M. l'abbé Bourgeois, curé d'Hargnies, que j'aurai encore l'occasion de citer, m'a écrit : « François, mon condisciple et mon ami, mettait à l'étude, pendant qu'il était séminariste, la même ardeur qu'il a mise depuis à toute chose ; il était rempli d'émulation ; dans les concours, il ne manquait jamais d'arriver avec les premiers ; aussi, obtenait-il beaucoup de prix à la fin de chaque année. » Je n'apprendrai rien à personne en disant que M. Aubert, pendant ses classes, fut aimé de tous ses camarades, des plus indifférents comme des plus pieux, des plus légers comme des plus graves ; en effet, tel il était au terme de sa carrière, tel il avait été au milieu et au commencement, d'une humeur toujours égale, d'un abord toujours aimable, ne distinguant pas entre · les uns et les autres, accordant à tous une place dans son cœur, une part dans ses affections.

En 1822, après avoir terminé son cours de philosophie, il revint à Reims au Grand-Séminaire pour commencer ses études théologiques. Que dire de son séjour dans cette maison de science et de recueillement, où il trouva, pour l'instruire et pour le guider, les dignes fils de M. Olier, qui venaient d'être appelés dans le diocèse par Mgr de Coucy ? J'apporte encore ici les révélations du condisciple et de l'ami : « Ah ! s'écrie-t-il, si M. Aubry, de sainte mémoire, n'était pas au ciel, il vous certifierait que M. de Raigecourt de Gournay, notre supérieur, citait publiquement Aubert comme un modèle d'obéissance à l'autorité et de soumission à la règle. »

Hélas ! la volonté de Dieu ne se manifestait pas à lui aussi clairement que celle de ses maîtres, et il se demandait encore, comme autrefois, si, pour la suivre, il devait avancer ou reculer. J'ai la bonne fortune d'avoir devant les yeux une lettre écrite sous cette impression ; elle porte la date du 21 Novembre 1823 et elle est adressée à celle de ses sœurs qui vit encore aujourd'hui. Je veux reproduire au moins une partie de ce précieux spécimen de foi vive et de belle simplicité. On ne s'étonnera plus de ses hésitations, quand on le verra peser si mûrement les graves obligations d'un prêtre.

Le frère dit à sa sœur :

« Tu demandes que je te parle de moi. Eh bien ! tu
» sauras d'abord que je me porte on ne peut mieux, et
» Dieu veuille que tu jouisses de la même santé, car
» tu es plus utile au monde que moi. Pourtant je tâ-
» cherai d'être aussi un jour, utile aux autres. Dans
» quelle partie, dis-tu en toi-même, travaillera-t-il
» au bien de la société ? Je voudrais pouvoir te dire
» quelque chose de certain ; mais ce n'est pas encore
» aujourd'hui. Ne t'en étonne point, parce que je ne
» dirai jamais, j'entrerai dans les ordres, tant que je
» n'y serai pas engagé. Quoiqu'il en soit, je t'appren-
» drai néanmoins que je vais probablemement faire le
» premier pas dans la cléricature à Noël ; mais ce pre-
» mier pas prépare seulement aux autres et il ne lie
» en rien ; peut-être me donnera-t-il de l'assurance
» pour plus tard. Si je parais si longtemps irrésolu, in-
» certain, ce n'est pas que je penche pour un autre
» état ; non, il n'y en a pas pour me plaire autant que
» l'état ecclésiastique ; seulement, comme les obliga-
» tions, selon moi, y sont plus grandes que partout
» ailleurs, et les suites plus funestes, si on y entre
» sans être appelé, je ne puis me résoudre à m'enga-
» ger irrévocablement....»

Selon qu'il l'avait annoncé à sa sœur, François Aubert reçut la tonsure le 23 Décembre 1823. Le titre d'abbé lui a-t-il donné, comme il le désirait, une plus grande résolution ? L'a-t-il délivré de ses incertitudes ? Je me plais à le croire, en voyant les dates rapprochées de ses autres ordinations. Ainsi, il fut appelé aux

ordres mineurs le 23 Mars 1824, au sous-diaconat, le
21 Décembre de la même année, au diaconat, le 21
Mai 1825, et enfin, quelques mois après, le 17 Décembre suivant, Mgr de Simony, évêque de Soissons, dé-
légué par le cardinal de Latil, lui conférait l'ordre de
la prêtrise.

Le noviciat est fini, la profession commence. Dès le
premier jour de son ministère, le nouveau prêtre se
révèlera tout entier ; c'est que le cœur n'a pas besoin de
s'essayer comme l'esprit. et son premier acte a la même
perfection que le dernier. Nommé vicaire de St-Remi
le 22 Décembre 1825, M. l'abbé Aubert accepte avec
bonheur et reconnaissance une mission qui offre un
champ si vaste à son zèle et à sa charité. Au surplus,
ce devoir, en le rapprochant de l'oncle qui fut tout à
la fois son père et son précepteur, ne le ramène-t-il
pas dans la paroisse qu'il connait et qu'il aime depuis
son enfance la plus tendre.

Je demandais à un témoin de ses premières armes
dans le saint ministère, de vouloir bien m'apprendre
quelques faits saillants de ses débuts. « Tous ses actes,
m'a-t-il été répondu, procédaient du même amour de
ses frères et étaient inspirés par le même désir de
plaire à Dieu ; aussi, la taille des uns égalait la taille
des autres. Ce n'est pas à certaines heures seulement,
c'est toujours qu'il se montrait admirable : en chaire,
au catéchisme, au chevet des malades, au milieu des
rues et partout. »

Il venait d'accomplir la troisième année de son vica-
riat, lorsque son oncle, le digne curé de Saint-Remi,
qu'il secondait si bien, fut enlevé tout à coup à sa filiale affection. Ce deuil amena son départ ; car M.
l'abbé Sommé, qui voulait que ses yeux fussent aussi
fermés par son neveu, le demanda bientôt près de
lui.

Ce fut le 13 Août 1829 que M. l'abbé Aubert, alors

vicaire du vénérable M. Jolinet, curé de Saint-Remi depuis le mois de Mars, descendit à Saint-Jacques. Les six années qu'il y passa, laissèrent dans son esprit un souvenir qui ne s'affaiblit jamais ; il les appelait « ses années de campagne » et il en parlait comme on parle toujours des fatigues passées ou des difficultés vaincues, c'est-à-dire, avec une heureuse et légitime satisfaction. Pour apprécier ce que cet apôtre, toujours à la hauteur de sa tâche, a dû déployer de zèle et d'activité pendant cette période de sa vie, il suffit de connaître l'histoire de Saint-Jacques pendant le même temps. Or, en voici le sommaire ; assaut du presbytère le jour de la sacrilége profanation du calvaire, le 16 août 1830 ; invasion du choléra en 1832 ; trois curés morts successivement : M. l'abbé Sommé, le 23 Mars 1832 ; M. l'abbé Thullier, le 5 Février 1834 ; M. l'abbé Nanquette, le 14 Décembre 1835.

Les limites que comporte une notice ne me permettent pas d'entrer dans de longs détails sur ces faits néanmoins si graves ; je dois donc me résigner à analyser les pages glorieuses que j'ai lues et les récits édifiants que j'ai entendus. Hé bien, M. l'abbé Aubert, d'après les mémoires du temps, fut l'homme de toutes ces circonstances ; il sut tenir tête à l'émeute ; il sut faire face à l'épidémie comme à la mort elle-même.

Il sut tenir tête à l'émeute. Quand l'impiété eut abbattu violemment la croix, souvenir de la mission de 1821, le Christ fut détaché, et des malheureux, cédant à une passion aveugle, se mirent à le promener, en blasphémant, par les rues de la ville. Leur haine contre le bien-aimé Sauveur devait naturellement s'étendre à tous ses ministres ; mais le curé de Saint-Jacques fut plus particulièrement menacé. Le vénérable vieillard averti, s'éloigne du presbytère où son neveu s'obstine à demeurer seul. L'abbé Aubert n'attend pas qu'on le somme d'ouvrir ; aussitôt qu'un redoublement de cris lui fait deviner que la foule arrive, il vient se placer courageusement sur le seuil, dans une attitude ferme et digne. Grâce à son sang-froid admirable, il triompha de tous les séditieux par un mot: «Vous ici ! dit-il, en appelant par son nom l'ouvrier qu'il voyait au premier rang et qu'il connaissait pour l'avoir généreusement assisté. Vous ici !... — Oui ! moi ici ! répondit cet homme qui avait déjà changé de sentiments... mais pour vous défendre !... Le presbytère était sauvé du pillage. Il n'y avait plus qu'à arrêter la sacrilège procession, l'abbé Aubert le fit en achetant le Christ, qu'il paya vingt-cinq francs.

Il sut faire face à l'épidémie. Dès son arrivée à Saint-Jacques, il fut tout particulièrement le prêtre des malades. Son condisciple d'autrefois, son collègue d'alors, dit à ce sujet : « Nous étions trois vicaires, et certes Aubert en faisait plus à lui seul que les deux autres. » Etait-ce parce qu'il habitait avec son oncle ? un peu sans doute, puisque les parents des personnes souffrantes vont le plus ordinairement frapper à la porte de la cure; mais c'était bien plus à cause de son affabilité, de sa douceur et de sa complaisance toujours prête ; cette simple observation fait de suite pressentir tous ses travaux, toutes ses fatigues pendant le choléra de 1832. En effet, c'était surtout sur la paroisse de St-Jacques que le redoutable fléau sévissait ; M. le curé venait de mourir et n'avait pas encore de successeur ; un vicaire allait être détaché à Tours-sur-Marne et à Bisseuil, deux villages plus éprouvés par l'épidémie ; peu importe, rien ne sera négligé ; M. l'abbé Aubert a visité la première victime, une jeune fille du faubourg de Vesle, il visiterera la dernière ; il se multipliera, il allongera ses jours avec ses nuits et le prêtre trouvera encore le moyen de se faire infirmier. Un pareil dévouement devait exciter l'admiration générale, aussi la voix publique décerna-t-elle au jeune apôtre, les éloges les plus flatteurs et les plus mérités.

Enfin il sut faire face à la mort elle-même. Je veux dire ici que, grâce à M. l'abbé Aubert, la paroisse de Saint-Jacques n'a souffert ni de son long veuvage ni de ses deuils si multipliés. Elle ne perdait que ses curés de nom, elle gardait son curé de fait. Mais qu'on le sache bien, ce n'est pas une mission que le vicaire usurpait par ambition, c'est une charge qu'il acceptait avec obéissance, sur la demande de vénérables prêtres qui ne pouvaient l'exercer, soit à cause de leur âge, soit à cause de leur santé.

Est-il nécessaire de dire maintenant tous les efforts tentés par les paroissiens pour le retenir au milieu d'eux comme pasteur, après la mort de M. Nanquette? Les prières repoussées se changèrent en menaces, et il n'a fallu rien moins, pour dissiper les groupes formés en vue de faire violence à l'autorité diocésaine, que l'intervention du modeste abbé lui-même. « Eh ! mes amis, leur dit-il, voulez-vous donc me perdre dans l'estime de mes vénérables supérieurs ? Que ceux qui m'aiment le prouvent en respectant leurs sages décisions. » Cette parole les arrêta sans les consoler ; car ils voyaient s'évanouir leurs dernières espérances. En effet, M. l'abbé Aubert, par décret du 28 Janvier 1836, était nommé doyen de Renwez, en remplacement de M. l'abbé Le Comte appelé à la cure de Saint-Jacques.

Quand ce dernier fut installé un mois plus tard, le secrétaire du conseil, au nom des administrateurs de la fabrique, prononça un discours dont j'ai sous les yeux le texte imprimé ; c'est bien moins un salut au nouvel arrivant qu'un adieu du cœur à l'ancien ami qui venait de s'éloigner. Voici, le passage à l'adresse de M. l'abbé Aubert :

« Qu'il nous soit permis de parler du jeune et

» vertueux ministre désigné pour aller cultiver le
» champ déjà si bien préparé par vous, et dont
» le choix doit vous adoucir une séparation toujours
» pénible pour un bon pasteur. Que ne doit pas at-
» tendre la paroisse de Renwez, de celui qui a pu s'at-
» tacher ici tous les cœurs ; qui, dans un âge encore
» peu avancé, a su joindre la prudence la plus con-
» sommée au zèle le plus actif ; qui, au péril de sa vie,
» affrontant les dangers et les horreurs de la plus
» cruelle épidémie, a consolé tant d'infortunes, se-
» couru tant de misères, réconcilié tant d'inimitiés,
» pourvu à l'entretien de tant de pupilles et d'orphe-
» lins dont il s'est fait le père ; qui, en un mot, a
» trouvé le secret de se multiplier, au milieu de tra-
» vaux et de fatigues qui semblaient au-dessus des for-
» ces humaines. Non, nous ne craignons point, Mon-
» sieur, de dévoiler ici devant vous nos sentiments
» pour lui, notre affection, notre estime, et dois-je le
» dire, au milieu de l'allégresse que votre venue fait
» naître... nos profonds regrets...»

M. l'abbé Aubert reçut à un mois de distance son titre de curé et celui de chanoine honoraire. Il ne demeura pas longtemps à Renwez ; toutefois, son court
passage y a laissé des traces inneffaçables. Le vénérable doyen qui administre aujourd'hui cette paroisse,
énumère ainsi tous les embellissement que lui doit l'é-
glise monumentale du pays : Il fit fermer le magnifique vestibule qui est adossé au portail et qui avait
servi jusqu'alors de salle de jeu pour les enfants ; il fit
relever la tribune des orgues, qui, en coupant la tête
d'une ogive, rompait la ligne si harmonieuse des voûtes ; il fit reporter au fond de l'abside, en attendant qu'on
put le remplacer, un autel en bois, construit dans un
mauvais goût, qui gâtait les vastes proportions du
sanctuaire ; enfin, c'est encore pendant son passage,
que les fenêtres du chœur, qui tombaient en ruines,

furent réparées et garnies de vitres de différentes couleurs.

Mais si les pierres de l'église de Renwez publient encore aujourd'hui le zèle de M. l'abbé Aubert pour consolider et embellir la maison de Dieu, l'affection que lui gardèrent toujours fidèlement les paroissiens, prouve à son tour qu'il lui avait suffi de trois années pour gagner tous les cœurs. Du reste, l'attachement était réciproque, et, quand sa Grandeur Mgr Romain-Frédéric Gallart, coadjuteur de son Eminence le cardinal de Latil, demanda au bon curé sa démission, pour le nommer à Saint-Remi, Elle dut recourir aux grands moyens et en appeler à la vertu d'obéissance ; c'est qu'on l'arrachait, en effet, non pas à des paroissiens ordinaires, mais à des parents et à de véritables amis. Aussi, comme il retournait volontiers au milieu d'eux et comme on l'entourait avec bonheur ! Je parle en témoin qui a vu et qui devait revoir encore. Hélas! combien d'autres projets sont déjoués tous les jours par la mort !

J'arrive au sommet de l'œuvre que j'ai entreprise, et devant les vastes horizons qui apparaissent, je sens mon courage défaillir. Raconter la vie de M. Aubert à Saint-Remi, c'est-à-dire, s'attacher à ses pas sans jamais le quitter, depuis le mois d'Août 1839 jusqu'au mois de Janvier 1870, n'est-ce pas une tâche impossible ? Je vais du moins essayer de le suivre pendant un jour.

Sommes-nous en été ? L'heure du réveil, qui est toujours l'heure du lever, c'est quatre heures. Sommes-nous en hiver et le temps est-il dur ? A ces deux conditions, il est permis de dormir jusqu'à cinq heures. Alors commence une série de pieux exercices qui se succèdent sans interruption jusqu'à neuf heures. C'est la part de temps que s'est réservé le prêtre, pour prier, pour méditer, pour entendre les confessions des fidèles, pour réciter le bréviaire et offrir le saint sacrifice de la Messe.

A Dieu succèdent les pauvres. Au sortir de l'église, le prêtre devient le père charitable ; vrai saint Vincent de Paul, il donne audience à ses enfants les plus malheureux. Oh ! quelle est touchante la scène qui se renouvelle tous les matins à la cure, de neuf heures à midi ! Combien de misères sont entrées ! Combien de larmes sont tombées ! Combien de vêtements, combien de bons de pains sont sortis ! Combien de paroles affectueuses ont été emportées !

Mais la journée est seulement à son milieu et la seconde partie ne sera pas moins pleine que la première. Après avoir pris son repas à la hâte, le bon curé se met en route pour vaquer à son ministère extérieur. Il visite tour à tour la maison de Dieu et la chambre du malade, afin de solliciter en haut les consolations qu'il doit porter en bas ; il passe du réduit du malheureux à la demeure du riche, afin de répandre d'une main l'argent qu'il va puiser de l'autre. A la différence du laboureur qui n'ensemence et ne moissonne qu'une fois chaque année, M. l'abbé Aubert sème et récolte tous les jours.

La nuit seule interrompt ses courses charitables et intéressées. Il rentre alors au presbytère, où, pour se remettre des fatigues du dehors, il va s'occuper chez lui de mille affaires encore. D'abord il met en ordre ses livres : la caisse des pauvres, la caisse de l'église ; il s'occupe de sa correspondance ; puis il prépare ses prônes, qu'il écrit et qu'il apprend toujours de mémoire ; s'il lui reste quelques instants, il parcourt des yeux les journaux d'une semaine, uniquement pour n'être pas étranger aux nouvelles, car il se montre très fidèle à cette recommandation que lui avait faite souvent son oncle, M. l'abbé Sommé : « Surtout, mon ami, ne te passionne jamais pour la politique : cette préoccupation fait trop de mal. » Enfin les neuf heures sont le signal de la prière et du repos. Le pasteur vigilant va donc s'abandonner au sommeil ; mais que l'une de ses chères brebis soit tout à coup en danger de mourir, il s'éveille au seul bruit des pas du messager qui accourt, et, avant de connaître le nom du malade, le quartier qu'il habite, il est debout et prêt à partir.

Tel est le programme de la vie de M. l'abbé Aubert pendant une journée prise au hasard ; répété trois cent soixante-cinq fois, ce programme devient l'abrégé de sa vie pendant un an, et cet abrégé à son tour, n'est que le sommaire de l'un des trente chapitres qui composent l'histoire de sa vie à Saint-Remi. N'avais-je pas alors raison de dire qu'il ne serait pas possible d'étudier, feuillet par feuillet, une œuvre aussi volumineuse et aussi compacte ?

Afin donc de me soustraire aux détails, je veux esquisser à grands traits seulement les deux personnages réunis en mon héros : l'homme et le prêtre.

Souvent on s'imagine dans le monde que la soutane étouffe tous les sentiments naturels, que le père d'un fils abbé n'a plus son enfant, qu'il n'est pas possible de rester sociable en devenant ecclésiastique... Ah ! certainement il eût suffi de rencontrer une fois le bon curé de Saint-Remi, pour convenir aussitôt qu'il y avait, du moins, des exceptions à la règle. En effet, son abord était si franc, si loyal ! son âme se reflétait si belle sur son visage toujours frais, toujours épanoui ! il saluait de si loin et disait à tous avec un accent si affectueux : « Hé bien ! comment ça va-t-il ? » Non, l'homme en M. Aubert, n'était pas absorbé par le prêtre, et il a donné la preuve la plus évidente que plus on exerce son cœur, plus il se développe, plus il peut aimer. Aussi j'en appelle à sa famille, quel frère demeura jamais plus dévoué pour ses frères ? Quel oncle se montra jamais plus paternel pour ses neveux et

our ses nièces ? Aussi j'en appelle à tous ceux qui ont
u le bonheur de vivre près de lui, à ses compagnons
l'enfance, à ses confrères dans le sacerdoce, à ses vicaires de tous les temps, ont-ils rencontré jamais un
ami plus tendre, plus sûr, plus généreux ? Aussi j'en
appelle à tous ceux qui se sont trouvés en sa compa-
gnie ; qui fut jamais d'une société plus facile et plus aimable ? On ne le voyait pas sans être heureux ; on ne
le quittait pas sans le vénérer et sans l'aimer. En un
instant, chacun se trouvait à l'aise avec lui ; il avait
des attentions si délicates pour tous ! A la mère, il parlait affectueusement de ses chers enfants ; au père, il
demandait avec intérêt des nouvelles de ses affaires ;
aux jeunes gens, il distribuait les souhaits et les encouragements. Maintenant Dieu seul sait de quel poids
pesèrent dans la balance du bien qu'il a fait, ses bon-
nes relations avec le monde. Elles ne furent certainement pas moins utile dans l'ordre du salut que dans
l'ordre temporel ; mille fois, en effet, tandis que la
main du bienfaiteur versait une aumône dans la main
de l'économe des pauvres, la bouche de l'ami murmu-
rait à demi-voix à l'oreille du prêtre cette prière : « Si
jamais vous apprenez que je suis malade, surtout, n'oubliez pas de m'apporter les secours et les consolations
de votre saint ministère.» Aussi, M. l'abbé Aubert pro-
fessait-il cette doctrine, que l'homme et le prêtre dans
un curé, sont unis comme le corps et l'âme dans une
même personne, et qu'ils doivent non pas se dé-
truire, mais se prêter un mutuel concours. Seulement,
il avait soin d'ajouter : Il faut savoir allier toujours
la dignité avec la gaieté, la réserve avec les bienséan-
ces ; et ce qu'il prêchait, on peut dire qu'il l'a fidèlement pratiqué.

Le curé de Saint-Remi, grâce à son activité, trouvait le moyen, malgré ses nombreuses occupations, de
détendre l'arc de temps en temps, et il était agréable

à contempler, jusque dans ses heures de récréation.
Il aimait surtout à manier les boules qu'il lançait, du
reste, avec autant d'adresse que de bonheur ; mais ce
qui réjouissait surtout ses partenaires, c'était bien
plus encore son feu, son entrain, que la sûreté de son
coup d'œil. Non, il n'y avait vraiment qu'un cœur et
qu'un visage en M. l'abbé Aubert ; de même que rien
n'altérait jamais la bonté de ses traits, l'égalité de son
humeur ; de même, son ardeur ne se démentait jamais,
elle l'accompagnait constamment. Sa conduite en voyage
peut en fournir une nouvelle preuve. Le cher curé
était un ami de la nature et des arts, et, quand il pou-
vait, de loin en loin, faire une absence de plusieurs jours,
il allait volontiers admirer un beau site, ou visiter
quelques monuments remarquables ; or, la chronique,
en son langage, sans doute un peu exagéré, n'a pas
cru devoir mieux peindre sa précipitation dans ses
courses, qu'en lui répétant sans cesse : « N'est-il pas
vrai, qu'en *six* jours, vous avez dit la messe dans *sept*
cathédrales ? »

Hélas ! il a malheureusement fait à la fin de sa vie
d'autres tours de vitesse non moins impossibles. En
1860, le jour de Pâques, déjà dans la chaire, il avait
eu une première congestion assez forte. Les médecins
lui ordonnèrent alors d'aller passer tous les ans une
saison à Niederbronn. Mais demeurer immobile
au même endroit, pendant vingt et un jours, loin de
son église et des siens, le pouvait-il ? Son zèle va lui
suggérer le moyen de tout arranger. Il prend les eaux
le matin, il prend les eaux le soir, et, au bout de dix
jours, il rentre content de lui-même. Encore s'il eut
toujours agi ainsi ! Mais il retranchait un peu chaque
année et l'été dernier, il sut trouver dans une semaine,
le temps de prendre sa saison d'eau à Mondorff, de
faire une excursion à Luxembourg et à Trèves, de vi
siter plusieurs membres de sa famille.

Tel était l'homme, quel fut le prêtre ? Je le dis en une seule parole : Dieu l'avait fait à la taille de la grande mission qui lui était réservée, avec un zèle qui répondait aux besoins de son église, de ses pauvres et de ses paroissiens.

Quand M. l'abbé Aubert fut installé curé-doyen de Saint-Remi, au mois d'Août 1839, la vieille basilique dont il prenait possession était sans doute sauvée en principe. On n'agitait plus cette question : faut-il faire le sacrifice de la nef, du portail et reporter la façade en avant du transept ? Non, depuis un an, il avait été décidé que le magnifique monument où reposent des cendres de rois et de reines, qui renferme tant de souvenirs, serait conservé au culte et aux arts. Un nouveau crédit de 200,000 fr., dans lequel la ville participait pour un tiers et le gouvernement pour les deux autres, avait été alloué à cet effet. Mais tous les travaux restaient à exécuter ; or, on devine, sans les compter, les pas et les démarches du pasteur impatient de voir l'œuvre arriver à bonne fin. Heureusement, la ville avait déjà pour architecte M. Brunette, et grâce à l'activité intelligente avec laquelle il conduisit cette immense restauration, dès le 2 Octobre 1842, les réparations les plus urgentes étaient terminées, et l'église reprenait enfin toute son étendue. La fête d'inauguration, célébrée avec la plus grande joie, fut présidée par son Excellence Mgr Thomas Gousset archevêque de Reims.

Cinq ans plus tard, à la même date, le même prélat recevait de M. le curé de Saint-Remi une seconde invitation, qui fut alors adressée à plusieurs autres évêques ; c'était, cette fois, pour couronner l'œuvre, pour bénir solennellement le nouveau tombeau du grand apôtre de la France ; monument que les devis de 1839 n'avaient pas prévu et que M. l'architecte a su réaliser avec les seules ressources de sa sage économie.

L'inscription gravée sur la façade de ce nouveau tombeau fut rédigée par une commision de lettrés choisis au sein de l'Académie. M. l'abbé Aubert, membre correspondant de la savante société, avait provoqué lui-même cette commission dont il fit partie et dont il fut nommé rapporteur. Il s'acquitta de sa tâche avec un véritable talent ; d'abord il discuta en maître les mérites et les défauts des diverses formules apportées ; puis il conclut à l'admission du texte à la fois concis et complet, historique et religieux, que nous lisons aujourd'hui.

Maintenant, je me contente de donner sommairement la liste des autres travaux exécutés aux frais de l'Etat et de la cité, pendant les huit premières années de M. l'abbé Aubert à Saint-Remi, ce sont : la reconstruction de toutes les voûtes des collatéraux et du triforium ; la reprise en sous-œuvre des contre-forts de l'abside, du côté nord de l'église ; la restauration des voûtes et contre-forts des chapelles absidales ; le ravalement de tout l'intérieur de l'édifice ; le redressement des faisceaux de colonnettes de la nef ; la réfection de la charpente et de la couverture des bas--côtés et des chapelles de l'abside ; la consolidation d'une partie des piliers de la nef et du transept ; enfin l'exécution d'un dallage neuf sur la presque totalité du sol de la basilique.

Mais que ne reste-t-il pas à faire pour compléter et embellir à l'intérieur, ce monument enfin relevé de ses ruines ? Le curé de Saint-Remi ne mourra pas avant d'avoir à peu près tout achevé. Il est vrai que la fabrique est pauvre, qu'elle peut à peine suffire aux dépenses du culte, peu importe ; M. l'abbé Aubert est un avocat tout puissant, les ressources ne lui feront jamais défaut.

Il commence par verser à **M.** Verscheider une somme de douze mille francs, pour rétablir les orgues, qui contribuent si largement à la beauté des offices catholiques.

Les dix tapisseries magnifiques données à l'église en 1531 par Robert de Lenoncourt, abbé commandataire de Saint-Remi, s'en allaient en lambeaux ; on s'en servait comme de tapis vulgaires pour les pieds ; il fait réparer et placer dans les neuves sacristies, à l'abri de nouvelles injures, ces tableaux précieux qui représentent la bataille de Tolbiac, le baptème de Clovis, la peste de Reims et les différents événements qui donnèrent lieu aux miracles de l'apôtre des Français.

Les émaux composés en 1663 par Laudin, fameux émailleur du faubourg de Magine, à Limoges, étaient aussi très-endommagés. Pendant longtemps, afin de les faire servir à l'ornementation de la châsse de Saint-Remi, à l'époque des neuvaines, on les avait abîmés en les fixant avec des clous à un chassis. M. l'abbé Aubert confie à M. Oudart la réparation de ces vingt-huit chefs-d'œuvre qui décoraient primitivement les reliquaires de saint Timothée, saint Maur, saint Appolinaire et leurs compagnons.

Que dire à présent? Je ne connais pas une travée dans l'église qui n'ait pas reçu quelques ornements, depuis 1839 ; aussi, ne serait-il guère plus facile de dresser leur inventaire exact, que d'expliquer comment on a su trouver l'argent nécessaire pour les payer.

Si le visiteur entre par le portail Lenoncourt, qui fait face à la rue Féry, il trouve aussitôt à sa droite, un rétable du XVᵉ siècle, qui représente les différentes scènes de la passion et de la résurrection du Sauveur ; ce bas-relief a été recueilli par M. l'abbé Aubert. A côté, se trouve le groupe imposant des trois Marie, de Joseph d'Arimathie, de Nicodème, qui mettent le Christ au tombeau ; ce sépulcre qui était autrefois placé dans la com-

manderie du temple, a été restauré par les soins de
M. l'abbé Aubert. Vis-à-vis, se trouvent les fonts baptismaux, ornés par les trois grands baptêmes sculptés de No-
tre-Seigneur, de Constantin, de Clovis ; cette œuvre
exécutée en 1610 par un rémois, Nicolas Jacques,
avait été complétement mutilée au moment de la Ré-
volution ; les têtes des personnages, à l'exception d'une
seule, avaient été brisées ; tout a été ressuscité, grâce à
M. l'abbé Aubert. Les autres sculptures qui avoisinent les
fonts baptismaux, une *Mater dolorosa*, une pierre
tombale, plusieurs statues, toutes ces productions de
l'art religieux, ont été trouvées et apportées dans l'é-
glise, par M. l'abbé Aubert.

Si l'on s'avance un peu plus loin, à la chapelle de
Saint-Éloi, les yeux sont frappés par deux véritables
raretés archéologiques que le bon curé, reconnaissant
envers les personnes qui les lui ont remises, montrait
avec une légitime fierté. A terre, ce sont les magnifiques
dalles qui ont orné jadis le sanctuaire de Saint-Nicaise
et qui représentent, gravées en caractères de plomb, les
principales scènes de l'Ancien-Testament ; en haut,
c'est le vieux Christ de Sainte-Balsamie, qui fut dressé
en 1857, entre les deux statues romanes de la Sainte-
Vierge et de saint Jean.

La chapelle de la Mère de Dieu devait naturellement attirer d'une manière toute spéciale l'attention
pieuse de l'infatigable pasteur. Aussi fut-il heureux de
pouvoir en 1859 faire exécuter, par M. Wendeling,
l'autel, en rapport avec l'édifice, qui existe aujour-
d'hui. C'est à la même date et avec l'aide du même
artiste, qu'il restaurait dans le chœur, ces chapiteaux si
intéressants qui montrent, accomplis dans le Nouveau-
Testament, les grands mystères figurés dans l'Ancien.

Je ne mentionne pas une multitude d'autres
travaux secondaires, travaux d'assainissement sur-

tout ; je ne cite plus que le chemin de croix monumental bénit solennellement par Son Exc. Mgr Landriot, au mois de Mars 1868.

M. l'abbé Aubert n'aura formé, relativement à son église, qu'un seul vœu impuissant. Toujours il avait eu le désir de relever l'élégante et légère campanille qui surmontait autrefois le transept de la basilique. Ce désir, il l'exprimait dans toutes les circonstances ; il l'a surtout révélé avec enthousiasme à Sa Majesté Napoléon III, qui écoutait avec un vif intérêt. Malheureusement le projet n'était pas réalisable. M. l'architecte, après un examen sérieux, déclara que les murs qui devaient supporter le poids du nouveau clocher, n'offraient plus les garanties d'une solidité suffisante.

Il me reste à parler encore des grilles et des vitraux. En vérité, je suis sous l'empire d'un mirage réel ; plus je marche et plus je découvre de chemin à parcourir.

Comme il était juste, la fermeture du chœur passa la première ; mais je veux redire l'histoire de son origine. A la Saint-Remi d'hiver 1857, le bon curé avait fait une quête dans le dessein de recueillir au moins le prix d'un panneau de la grille en fer forgé qu'il souhaitait. Le produit de la collecte se monta à 300 francs ; c'était le dixième de la somme nécessaire pour payer le modèle à la fois si léger et si solide qui fut exécuté presqu'aussitôt. Comment sont donc venus les neuf autres dixièmes ? Voici : un mois plus tard, M. l'abbé Aubert est appelé au centre de la ville, près d'un malade ; or ce malade connaissait le projet de son cher directeur, il lui demande donc combien il faudrait pour pouvoir le réaliser de suite ? — Trois mille francs, répond le bon curé. — Eh bien, dit le généreux pénitent, commandez et comptez sur moi. Si je guéris, je vous porterai moi-même cette somme ; si je meurs, elle vous sera assurée par mon testament. Cet homme revint à la santé.

J'ai recueilli ces détails de la bouche même de M. l'abbé Aubert qui les a publiés du haut de la chaire à la fin de l'année 1857, et je me souviens qu'il terminait alors son hymne de reconnaissance par ces paroles : « Quel est le nom de ce chrétien fervent ? Je ne puis le dire maintenant ; mais ce nom sera gravé un jour sur la table de marbre, avec les noms de tous nos bienfaiteurs. »

Le tombeau de Saint-Remi n'était protégé que par une simple balustrade en bois ; grâce au legs de Madame Bienaimé-Cadart, il est maintenant défendu par une grille appropriée au style du riche mausolée qu'elle défend.

A l'heure qu'il est, toutes les chapelles de l'église, une seule exceptée, celle de Saint-Fiacre, sont richement et artistement fermées. Il n'y a pas un once de fonte dans la vieille basilique.

J'arrive enfin aux vitraux. Le XVIIIe siècle avait enlevé les bordures des verrières si harmonieuses de l'abside. M l'abbé Aubert a su les restaurer avec intelligence, en faisant copier avec scrupule les modèles que le temps avait respectés. Mais combien de fenêtres n'a-t-il pas fait orner ensuite par les artistes modernes ? Il ne m'appartient pas d'apprécier ces œuvres, encore moins de juger leurs auteurs, je me borne donc à enregistrer les travaux commandés et payés par mon héros.

MM. Ladan père et fils ont fourni les vitraux du portail méridional ; ils ont peint la rosace du transept qui lui fait face, ainsi que les images de saint Laurent et de saint Etienne. Ils ont complété par des mosaïques la décoration de la chapelle de la Vierge, etc., etc.

M. Maréchal de Metz, l'auteur malheureux des verrières du grand portail, ne s'est pas racheté par les trois sujets qu'il a placés depuis dans le seul bas-côté dont les fenêtres sont ouvertes : saint Sixte, saint Clément et saint Jean-Baptiste. M. l'abbé Aubert, qui voulait essayer de tous les talents, fit compléter cette ligne de fenêtres par M. Hermanowska, de Troyes , par Vincent Larcher de la même ville, par Bourgeois, qui était alors à Reims et qui habite Paris aujourd'hui.

M. Didron fut chargé d'exécuter les verrières qui sont au-dessus des fonts baptismaux. En face, près du sépulcre, M. Luçon donna un spécimen de son école. Les fenêtres imagées de la chapelle de la Sainte-Vierge sortent des ateliers de M. Leclère, du Menil-Saint-Firmin (Oise).

Que de faits, que de choses, je devrais ajouter encore pour ne pas encourir le reproche mérité d'être incomplet ! mais j'écris une notice et non pas une histoire ; je signale donc seulement les grandes œuvres et je glisse sur les détails ; c'est ainsi que je garde le silence sur l'acquisition de tous les objets de moblier ; c'est ainsi que je tais les noms des personnes généreuses qui les ont donnés ; Dieu les connaît, il saura les récompenser.

Je voudrais n'avoir pas à parler de M. l'abbé Aubert, père des pauvres et des malheureux ; car j'aurai beau paraître m'élever jusqu'à l'exagération, je ne monterai jamais jusqu'à la vérité, jusqu'à la justice. La paroisse de Saint-Remi compte à peu près 12,000 âmes. La moitié de cette population nombreuse avoue son indigence et fait ouvertement appel à la charité ; un quart se suffit à la condition que le travail et la santé ne feront pas défaut un seul jour ; enfin le dernier quart est à l'abri du besoin ; mais on trouve à peine dans cette classe quelques personnes qui possèdent le moindre superflu.

Telle est la mesure du vaste champ de misère ouvert au cœur plus vaste encore du bon curé de Saint-Remi. L'affection dont il fut entouré pendant sa vie, les regrets qui le suivent après sa mort disent s'il a bien rempli sa tâche. Chacun le sait, partout où il passait, la famine et les haillons prenaient aussitôt la fuite devant le pain, devant les vêtements de sa charité. Mais au prix de quelles démarches opérait-il ces merveilles ? Le riche compatissant qui ne veut pas laisser retourner à vide la main suppliante du malheureux, n'a qu'à puiser dans sa bourse toujours pleine ; M. l'abbé Aubert, pour venir en aide au mendiant, était obligé de se faire d'abord mendiant lui-même, et la fatigue qu'il s'imposait pour distribuer ses aumônes, il se l'était donnée déjà pour les recueillir. Il est vrai que pour lui cette double peine physique était compensée par un double plaisir moral, car il serait difficile de savoir lequel, du riche ou de l'indigent le recevait plus volontiers. Oh ! il y a deux colonnes bien éloquentes dans les registres qu'il a laissés : c'est la liste de ses bienfaiteurs où sont confondues tant de personnes de sentiments opposés, voire même de religion différente ; c'est la liste de ses pauvres bien-aimés dont la hiérarchie ne se réglait que sur le seul degré de la misère.

Il serait difficile d'évaluer au juste le chiffre des dons annuels perçus et dépensés par M. l'abbé Aubert. Il avait comme ses maisons de banque où il était sûr de trouver toujours des ressources égales aux besoins qui venaient à surgir. « Je ne crains pas, répétait-il souvent, de me montrer importun aux mauvais jours ; mais je suis discret, lorsque mes affaires sont dans un état à peu près satisfaisant ; je prends soin alors de dire en entrant chez mes bienfaiteurs : rassurez-vous, je ne viens pas demander aujourd'hui. »

Peut-être apprendra-t-on avec intérêt comment il aimait plus volontiers à faire le bien. Il n'était pas le partisan des distributions générales ; « elles coûtent beaucoup, disait-il, elles soulagent peu. Qu'est-ce, en effet, qu'un pain de trois livres dans une maison habitée par quatre ou cinq personnes ? Qu'est-ce qu'un pain de six livres dans les familles plus nombreuses ? mais avec les mille francs que je verse pour donner ce faible secours, qui n'aide efficacement personne, combien ne puis-je pas soutenir de ménages que la maladie du père, de la mère plongent dans une détresse exceptionnelle ? Combien ne puis-je pas adoucir de souffrances secrètes ou momentanées ? »

M. l'abbé Aubert portait aux enfants une affection toute paternelle ; aussi leur réservait-il la plus large part de ses libéralités. Il leur donnait des vêtements, des chaussures, et, avec ces dons, il leur assurait le plus précieux des biens, l'instruction. En effet, il ne distribuait que dans les écoles, où il allait avec tant de bonheur, les sabots et les blouses ; or, n'était-ce pas résoudre, par le moyen le plus puissant, le plus efficace, le problème autrement insoluble de l'enseignement obligatoire ? Mais c'est surtout envers les enfants des catéchismes qu'il se montrait généreux ; il savait que certains pères pouvaient être tentés de les retenir, afin de prélever sur leur travail un impôt anticipé, alors, au lieu d'exciter l'ardeur de ses chers néophytes par des bons points, le zélé pasteur donnait, comme récompense aux plus dociles, des pantalons, des robes, des bons de pain : et, grâce à cette industrie, bien loin de garder par intérêt leurs fils ou leurs filles, les parents les envoyaient par calcul. Le grand but n'en était pas moins atteint, et chaque année, au beau jour de la première communion, plus de deux cents enfants, transformés au-dedans par les leçons de l'Évangile, transformés au-dehors par les habits de la charité, venaient, aux yeux de leur famille heureuse, s'asseoir joyeusement au banquet des anges.

Ce fait révèle à lui seul la grande pensée qui fut l'âme de toute la vie de M. Aubert. S'il a passé comme le divin maître, en faisant le bien, c'était aussi comme lui, afin de faire mieux accepter ensuite les enseignements, les promesses de la religion. Par l'homme, il voulait arriver au chrétien ; avec les biens du temps, il s'efforçait de glisser ceux de l'éternité. Non, il ne perdait pas un instant de vue sa mission surnaturelle : le salut de ses frères. Jusque dans ses actes les plus indifférents en apparence, il exerçait son zèle ; quand il ne croyait pas utile d'aller directement au but, il se contentait d'une allusion, quelquefois même, il se bornait à être lui-même, à se montrer bon et aimable.

Mais s'il est apôtre partout et toujours, dans les rues, en voyage, chez ses amis à ses heures de récréation, que sera-t-il dans son église, sur sa paroisse et dans les occasions solennelles ?

Le prêtre est avant tout chargé d'instruire son peuple ; jamais personne n'a mieux accompli ce devoir que l'incomparable curé de Saint-Remi. Je l'ai vu à l'œuvre pendant sept ans, je puis dire comment il enseignait.

Il voulait que tous les dimanches sans exception, les fidèles entendissent la parole de Dieu à la messe de paroisse. Il partageait sans doute avec ses auxiliaires le salutaire exercice de la prédication, mais il avait soin de se réserver toujours la part du lion. Tantôt il n'avait pas achevé en une seule fois la matière entamée, il fallait alors continuer huit jours après ; tantôt il avait à faire une annonce qui demandait des explications, qui appelait des avis ou des conseils. Enfin il savait à l'occasion monter en chaire pour les autres. Si l'un de ses vicaires venait à faire défaut, il était toujours prêt.

Toutefois, il ne faudrait pas croire que le prédicateur qui parlait si souvent et si volontiers, affrontait ses auditeurs sans préoccupation. M. l'abbé Aubert mérite ici, comme en beaucoup d'autres endroits, d'être proposé pour modèle ; il écrivait et il apprenait tout ce qu'il devait dire en public : ses sermons, ses entretiens, ses recommandations, jusqu'aux petits mots familiers et affectueux qu'il adressait aux enfants, soit à la messe du Saint-Esprit, soit au jour de la distribution des prix. J'ai parcouru ces nombreuses allocutions qu'il débitait avec un accent de foi si vive, si pénétrante ; elles respirent vraiment la noble simplicité de l'Evangile ; elles sont écrites sans prétention, au courant de la plume ; c'est le cœur paternel qui déborde , qui se répand en un style correct, clair, substantiel et exact. Où donc trouvait-il le temps que réclamait un pareil travail ? Ah ! il faut convenir que le zèle pour la gloire de Dieu et le salut des âmes est un ressort bien puissant !

M. l'abbé Aubert, je l'ai déjà dit, attachait le plus haut prix aux réunions du catéchisme, qu'il regardait avec raison comme l'exercice instructif par excellence. « Eh ! disait-il, sans le catéchisme, qui donne les éléments de la science, à quoi servirait la prédication, qui ne peut que les développer où elle les trouve ? » Après ces paroles, on devine qu'il n'est pas resté froidement raisonneur devant cette grande œuvre, et que, tout au contraire, il a dû s'en occuper activement. En effet, le digne curé l'a d'abord largement organisée ; les enfants étaient divisés en deux classes, afin de pouvoir proportionner l'enseignement aux besoins et à l'intelligence de chacun ; puis, d'un bout de l'année à l'autre, ceux qui ne savaient pas lire, ceux dont la mémoire était plus ingrate, recevaient régulièrement cinq leçons par semaine ; les mieux doués venaient trois fois. Maintenant quel était le rôle du maître dans l'accomplissement de cette tâche immense ? Il allait partout,

il suivait jour par jour les progrès des uns et des autres ; il se chargeait de distribuer les encouragements
et les reproches, les récompenses et les punitions ;
comme le bon pasteur, il connaissait les noms de toutes
les brebis qui composaient son jeune troupeau.

L'heure de la première communion, hélas ! était
trop souvent l'heure de la séparation ; cependant le ministre zélé ne négligeait rien pour retenir auprès de lui
ses chers enfants. Il donnait rendez-vous à tous au catéchisme de persévérance qu'il faisait lui-même tous les
dimanches à deux heures. Après les vêpres, il réunissait
dans la chapelle de la Sainte-Vierge les personnes de
l'Archiconfrérie ; il récitait avec elles le chapelet ;
puis il leur adressait quelques salutaires paroles, et
enfin, ce pieux exercice finissait comme il avait commen-
cé, par le chant d'un saint cantique.

Que ne faisait-il pas pour attirer en tout temps les
fidèles aux offices de l'Eglise ? Il entretenait à grands
frais un chœur nombreux et exercé ; chaque année, au
Carême, aux Prières de 40 heures, il allait recruter
dans les différentes paroisses des prédicateurs, afin d'a-
jouter ainsi, aux charmes de la parole divine, l'attrait
séduisant de la curiosité ; il ornait avec le meilleur
goût, pendant le beau mois de Mai, la chapelle de la
Sainte-Vierge ; et quand revenaient les processions du
Saint-Sacrement, quelle pompe ! Quel entrain ! J'en-
tends encore les sons harmonieux des instruments qui
ouvraient la marche ; je vois toujours flotter au-dessus de la multitude les riches bannières, les nombreuses oriflammes. Mais c'est surtout aux fêtes de Saint-
Remi que M. Aubert savait donner de la splendeur !
Aussi, la ville entière attendait-elle avec une joie im-
patiente le retour des neuvaines du mois d'octobre. La
vaste basilique était alors trop étroite pour contenir la
foule avide d'entendre les maîtres de la parole que le
bon curé savait si bien choisir. Que dire surtout de la

procession triomphale des reliques du grand apôtre de la France, au chant du *Misericordias, Domini* dans la nef de la magnifique église brillamment illuminée ? Ah ! les émotions ressenties en présence de ce spectacle du ciel, ne peuvent s'exprimer, elles se tiennent trop au-dessus du langage de la terre !

Je termine cet ébauche très imparfaite, en rendant à M. l'abbé Aubert ce dernier témoignage : il fut bon administrateur. Il a beaucoup donné, il a fait beaucoup travailler ; mais toujours il a su équilibrer les budgets de son église et les siens ; jamais il n'a excédé dans ses dépenses la mesure de ses ressources. Il dut sans doute à cette précieuse qualité l'honneur d'avoir été nommé membre du conseil de la caisse de retraite, lorsque Mgr Gousset, en 1842, fonda cette belle œuvre, destinée à venir en aide aux prêtres vieux ou infirmes.

Grâce à son esprit conciliant, il sut aussi entretenir sans cesse les meilleures relations avec tous : avec ses supérieurs comme avec ses inférieurs ; avec les auto-rités ecclésiastiques, civiles, municipales ; avec tous ses coopérateurs, avec ses vicaires, avec les maîtres et maîtresses des écoles, avec les plus humbles employés de la paroisse, etc. ; toutefois, pour être facile dans ses rapports, il n'en tenait pas moins haut et ferme le dra-peau des principes ; il n'en défendait pas moins avec ardeur ses convictions et ses droits.

J'ai fini et je viens me placer en présence du dé-noûment trop prompt de cette utile et glorieuse car-rière. Monsieur le Curé de Saint-Remi est mort ! En vain mes sens l'affirment, mon cœur ne veut pas y croire. Il y a en effet une si grande distance entre les espérances de la veille et la réalité du lendemain ! M. l'abbé Aubert était sans doute tourmenté depuis plusieurs semaines par de noirs pressentiments ; à par-

tir de jour où il avait vu s'éteindre, après de longues
et cruelles souffrances, son plus intime ami, M. l'abbé
Fournier, il avait parlé souvent de sa fin prochaine ; il
avait même agi dans cette prévision ; ainsi , pour
rendre plus facile la tâche de son exécuteur testa-
mentaire , il s'était mis à reporter depuis le 4 Décembre, sur un registre, modèle d'ordre et de clarté,
les affaires des pauvres, celles de l'église et les sien-
nes ; ainsi, il avait désigné l'endroit où l'on devait
l'exposer après sa mort ; il y a plus, la seule crainte
d'effrayer les personnes dévouées qui le servaient, l'a-
vait empêché de faire le simulacre de cette funèbre cérémonie ; ainsi, comme s'il s'était douté non-seulement
que Dieu le rappellerait bientôt à lui, mais encore qu'il
le rappellerait subitement, il avait recommandé qu'on
ne lui ôtât pas la soutane dont il serait alors revêtu....
Cependant, ses parents . ses amis, n'étaient pas ef-
rayés ; la belle apparence de sa santé détruisait l'effet
de ses paroles et de ses actes ; le vif désir de le
posséder longtemps encore , fermait tout accès à la
crainte de le perdre bientôt. Hélas ! cette confiance
ne nous a pas sauvés ! Pendant les huit premiers jours
de l'année, le bon curé parcourut la ville entière, al-
lant d'amis en amis, c'est-à-dire de porte en porte, exprimer ses sentiments d'amitié, ses vœux de bonheur ;
c'étaient ses visites d'adieu.

Le Samedi, 8 Janvier, il reçut une lettre qui le remplit d'une douce joie : Monseigneur l'Archevêque lui
envoyait de Rome, avec ses meilleurs souhaits, sa plus
paternelle bénédiction. « Ne m'oubliez pas auprès de
Saint-Remi, écrivait Son Excellence, en retour, je
vous recommanderai à celui qui tient les clefs du Paradis. » Jamais recommandation vint-elle plus à point
nommé ? Le digne pasteur n'était-il pas, en effet, à la
veille de se présenter devant saint Pierre pour franchir
le seuil du Paradis ?

Le dimanche 9, il se lève à l'heure habituelle et se rend à l'église pour dire la première messe. Qui n'admirera pas ici les desseins miséricordieux de la Providence? Jamais M. l'abbé Aubert ne manquait de chanter lui-même l'office de paroisse. Ce jour-là, contre son ordinaire, il charge de ce devoir l'un de ses vicaires. Pourquoi? Ah! sans doute, dans son intention, c'était afin de n'être plus à jeun pour monter en chaire ; mais, dans l'intention de Dieu, c'était manifestement afin qu'il reçût le saint Viatique avant de mourir.

Il est neuf heures, les cloches commencent à appeler les fidèles. Le saint prêtre, qui veut toujours entrer le premier dans son église, quitte alors sa demeure qu'il ne reverra plus ; il va s'agenouiller pour la dernière fois, devant le tombeau du glorieux apôtre de la France, afin de lui soumettre le sermon qu'il se propose de prêcher, dans un instant, à son peuple ; puis il se rend à la sacristie, au milieu des nombreux serviteurs de la maison de Dieu, et il a, comme de coutume, un bon sourire pour tous, un mot affectueux pour chacun. Enfin, l'office commence, l'Evangile est chanté ; les paroissiens, les yeux tournés vers la chaire, s'apprêtent à écouter leur pasteur, sans se douter, hélas! que les paroles qu'il va prononcer doivent être son testament. « Mes enfants, leur dit-il avec sa voix la plus ferme et la plus paternelle, je cherche quel trésor je dois vous léguer de préférence ; or, je vois dans l'Evangile que le divin Maître, entre sa résurrection et son ascension, ne cesse de répéter à ses disciples, dont il est sur le point de se séparer : *je vous laisse la paix, je vous donne la paix.* Assurément si ce juste appréciateur, après avoir interrogé son cœur, n'a pas cru devoir faire à ses apôtres un autre don, c'est qu'il n'en connaissait pas de plus parfait. Je veux donc, à son exemple, vous laisser aussi, à vous que j'ai tant aimés, vous laisser, ou du moins vous souhaiter la même paix, cette paix qui a été le but de tous mes travaux, de tous mes efforts depuis que je suis au milieu de vous.» Telle est la pensée qui résume cette suprême allocution, dont le choix avait été visiblement dicté par Celui qui assigne à chacun de nous l'heure de son retour dans la patrie. Au fur et à mesure que le bon curé parlait, sa voix allait s'affaiblissant ; toutefois, il continuait toujours, et, quand Dieu l'appelait déjà, il essayait, avant d'obéir, de répéter encore : *Que la paix soit avec vous !* Enfin, il éleva sa main défaillante, qu'il laissa retomber en disant : *Je vous bénis...* Ce fut son dernier mot. Il se retourne alors, saisit la rampe de la chaire et descend seul les premières marches ; mais la congestion, qui venait de le rendre muet, le frappe presqu'aussitôt de paralysie ; il tombe inerte dans les bras des fidèles empressés qui se précipitent au-devant de lui : tandis que les uns le soutiennent et le conduisent à la sacristie, les autres volent chercher à l'Hôtel-Dieu les maîtres dans l'art de guérir. En vain les docteurs se consultent ; leur science, leur bon vouloir ne peuvent rien contre la gravité du mal qu'ils constatent. Après avoir fait transporter le cher malade au presbytère ; ils recommandent de lui mettre la moutarde aux jambes, ils ordonnent de lui faire une double application de sangsues derrière les oreilles. Pendant ce temps, les parents, les amis du saint prêtre sont prévenus et accourent à la hâte. J'avoue qu'en le voyant alors étendu sur son lit, silencieux et insensible il est vrai, mais avec ses couleurs naturelles, avec une respiration calme, sans frissons ni sueurs, je gardais un sentiment d'espérance que j'étais heureux de communiquer aux autres. Hélas ! cette illusion fut de courte durée ; tout à coup il rapproche ses lèvres et fait comme un violent effort ; au même moment, le sang afflue à son visage, c'était une seconde congestion ; c'était la mort qui donnait son dernier avertissement ; elle n'attendit plus, en

effet, pour frapper sa victime, que les minutes stric-
tement nécessaires pour lui administrer les derniers
sacrements et pour lui donner l'indulgence plénière.

Telle fut la fin du pasteur, zélé, charitable, que la
paroisse de Saint-Remi eut le bonheur de posséder pendant trente ans ! Fin à la fois la plus prompte et la
mieux prévue ! Fin glorieuse qu'il avait souvent rêvée
et que Dieu satisfait, a voulu lui accorder avec des
marques évidentes de son intervention ; en effet, il
meurt subitement, et néanmoins il reçoit le saint Viatique et tous les autres secours de la religion ! Il meurt
subitement, mais c'est au milieu de sa nombreuse famille qu'il vient d'exhorter et de bénir !

Cette douloureuse nouvelle fut bientôt répandue dans
la ville. On vit alors se renouveler, à Reims, le tou-
chant spectacle qui avait suivi la mort non moins sou-
daine de l'éminent cardinal Gousset. Une seconde fois,
les pauvres et les riches, les grands et les petits, sans
distinction de sentiments et d'opinions, confondent leur
douleur ; une seconde fois, tout le monde pleure. Ces
deux grandes âmes avaient, du reste, tant de traits
de ressemblance ! Même bonhomie, même puissance ;
même désintéressement, même charité ; même tolérance, même respect ; même soumission à l'Eglise,
même attachement à Pie IX ! Est-il donc étonnant,
après cela, que l'un et l'autre aient reçu les mêmes
honneurs et recueilli la même unanimité de suffra-
ges ?

Dès que le corps de M. l'abbé Aubert fut exposé
dans une chapelle ardente, il fallut avoir recours aux
sergents de ville pour contenir la foule avide de le
contempler une dernière fois. Et néanmoins, malgré
cette affluence, tout se passe de la manière la plus
édifiante ; personne ne dit un mot même à voix basse,

dans ce vestibule où le bon curé a distribué tant d'aumônes et où il reçoit maintenant, inanimé, l'expression si vive et si profonde de l'amour de sa grande famille. On avait soupçonné seulement jusqu'alors son immense popularité, il fallait cette douloureuse circonstance pour la révéler tout entière.

La cérémonie de ses obsèques, qui eut lieu le mercredi 13 janvier, ressemblait à une véritable ovation ; non, il n'est pas possible de voir jamais autour d'un défunt un clergé plus nombreux, une foule plus empressée, plus triste. M. Dauphinot, maire de Reims, M. l'abbé Maille, doyen du Chapitre, conduisaient cet immense deuil. Les douze cordons du poële étaient tenus par MM. Buffet, archiprêtre, curé de Notre-Dame ; Dumas, curé de Saint-Maurice ; Champagne, curé de Saint-André ; Sevestre, curé de Saint-Thomas ; Sébastiani, sous-préfet ; Rome, adjoint ; Victor Rogelet, président du tribunal de commerce ; Julien, vice-président du tribunal civil ; Lanson aîné, président de l'administration des Hospices ; Leseur, président de la société de saint Vincent de Paul ; Homo, instituteur communal du 3e arrondissement ; enfin le directeur des Frères. Derrière le cercueil, porté par la corporation des charpentiers, venaient les neveux de M. l'abbé Aubert, puis tout le cortége, qui s'avança entre deux haies d'ouvriers, de femmes et d'enfants dont la douleur se traduisait par les larmes. En quittant le presbytère, la procession funèbre monta par la rue Saint-Julien, traversa la place Saint-Timothée, suivit les rues Saint-Sixte, des Salines, du Barbâtre et revint par les rues de Normandie, du Ruisselet et Simon. Rien de plus solennel que l'entrée à l'église. Lorsque le cercueil gravit les degrés du portail, au milieu de la multitude échelonnée, lorsqu'il traversa la nef déjà remplie par les fidèles, on eût cru vraiment voir la châsse de Saint-Remi recevant aux jours des plus grandes fêtes les hommages de la cité entière . La messe fut chantée par M. l'abbé Juillet, vicaire-général, devant une assistance qu'on ne pourrait évaluer qu'en calculant le nombre des personnes qui peuvent se tenir debout dans la vaste basilique.

Après l'absoute faite par M. le curé de la cathédrale, on se dirigea vers le cimetière où le corps de M. l'abbé Aubert ne devait entrer que pour obtenir les honneurs d'un second triomphe au jour de sa prochaine exhumation.

M. Dauphinot, se constituant alors l'interprète de tous ses administrés, fait passer tout son cœur dans ses paroles et dans sa voix ; mais j'aime mieux reproduire qu'analyser ces adieux si nobles et si touchants. En voici donc le texte :

« Messieurs,

» Dimanche, à l'issue de la messe paroissiale, une triste nouvelle se répandait dans la ville et jetait dans les cœurs le deuil et la consternation.

» La mort venait de foudroyer l'abbé Aubert au milieu de ses paroissiens, de ses enfants, comme il aimait à les appeler, et cela, au moment où, du haut de la chaire, dans un langage simple et bon, il leur recommandait la concorde et cet amour du prochain qui résume toute son existence. « Aimez-vous les uns les autres, aurait-il dit, et vous aurez le seul bonheur sur lequel on puisse compter en ce monde : la paix du cœur et de la conscience. » Sa voix s'embarrassa, il fit un geste d'impuissance, il sembla dans un dernier et suprême effort, vouloir bénir encore ceux qu'il avait tant aimés.

» Le mal, hélas ! était sans remède. L'intelligence d'abord, la vie bientôt s'évanouirent pour ne plus laisser que cette froide dépouille que toute la ville a voulu contempler avant la cruelle séparation qui va s'accomplir.

» Que vous dirais-je, Messieurs, que vous ne sachiez, de l'abbé Aubert ? Votre attitude, vos larmes

ont une éloquence si profondément vraie, si touchante ;
ce concours de tous ceux qui furent ses amis, ses obli-
gés est si imposant, que j'hésiterais à vous rappeler ce
que fut votre bien-aimé pasteur, si mes fonctions ne me
faisaient un devoir d'honorer, au nom de tous nos concitoyens, la vertu et le dévouement dans leur expression la plus pure et la plus parfaite.

» La vie de M. Aubert s'est passée presque tout entière à Reims ; d'abord vicaire à Saint-Remi et à Saint-
Jacques, puis curé de Renwez, il revint en 1839 dans
cette église, à la restauration de laquelle il prit une
si grande part, et dont il devint en quelque sorte insé-
parable. Trente années, en effet, se sont écoulées depuis
qu'il est entré en possession de sa cure, et jamais, j'en
suis certain, il n'est venu à l'idée de personne, pas
plus de ses supérieurs que de ceux qu'il nommait ses
frères. de penser que l'église put se séparer de son curé
ou le curé de son église. Pendant trente ans, Messieurs,
il a vécu au milieu de vous, et l'affection que lui ont
valu son inépuisable charité et par-dessus tout sa bien-
veillance et son extrême bonté, n'a fait que grandir, au
point de devenir un véritable culte.

» M. Aubert était doué d'une manière toute particu-
lière et Dieu s'était plu, sans doute, à l'orner de toutes
les qualités que réclamait son saint ministère. Ses traits
respiraient la franchise, la douceur, l'indulgence. Que
de fois sa bonhomie, sa tolérance, sa droiture ont triom-
phé des mauvaises passions inhérentes à notre pauvre
nature humaine ! Quelques paroles émues, ce bon sourire qui ne l'abondonnait jamais, une cordiale poignée
de main, et des nuages souvent menaçants se dissi-
paient comme par enchantement. Cette influence a été
le bonheur, la récompense de toute sa vie. Il en était
fier, mais trop modeste pour le laisser paraître ; il ne
se trahissait que par le rayonnement de son visage ou
par une gaieté plus expansive.

» Ah ! Messieurs, plus que personne, je m'associe à
la douleur de ceux qui, dans cette foule recueillie,
pleurent un protecteur, un père, un ami sincère et toujours dévoué ! Moi aussi, je l'aimais de tout mon cœur,
ce saint et digne prêtre, et c'est parce qu'il m'honorait

de son amitié, parce que je le connaissais tout entier,
que je me permets de vous dire : Pleurez sur vous-
même, car vous avez fait une perte irréparable ; mais
réjouissez-vous pour celui qui n'est plus, en songeant
que M. Aubert s'est éteint sans souffrances au milieu de
tout ce qu'il avait de plus cher au monde, son église
et ses paroissiens, en vous rappelant surtout que ses
vertus et votre affection lui font en ce moment cortége, auprès de celui dont il a si largement pratiqué la
maxime : « *Aimez-vous les uns les autres.* »

M. l'abbé Maille voulut payer aussi son tribut d'é-
loge à celui qui avait été son condisciple et qui était
resté toujours son ami. De retour au presbytère, le
vénérable doyen du Chapitre compléta l'œuvre de M.
le maire, en parlant des vertus sacerdotales, particulièrement du zèle de M. l'abbé Aubert pour la gloire
de Dieu et le salut des âmes. Le *Courrier de la Champagne* du 14 Janvier contient cette allocution que sa
longueur nous empêche de transcrire ici.

Deux jours après ces funérailles si solennelles, les
membres du conseil de fabrique de Saint-Remi, au nom
de tous les habitants de la paroisse, écrivaient à S. M.
l'Empereur : « Sire, nous avons perdu notre père en
la personne de notre bon curé, permettez-nous donc
de reprendre au cimetière sa dépouille mortelle, pour
la faire reposer dans l'église qu'il a tant aimée et qu'il
vous a fait admirer avec une joie si fière, au mois d'Octobre de l'année 1858 ; plus il sera près de nous, moins
nous nous sentirons orphelins. » Cette supplique, ap-
puyée par l'autorité diocésaine, recommandée par l'administration municipale, fut adressée à Paris à M. Wer-
lé, qui s'empressa de la remettre lui-même à M. le
Garde des Sceaux. L'honorable député annonçait le
même jour, en ces termes, le résultat de son audience :
« J'ai hâte de vous dire que le bienveillant accueil

que j'ai reçu m'autorise à espérer que la grâce demandée ne se fera pas attendre. » Puis, il ajoutait : « Je vous remercie, Messieurs, de m'avoir offert l'occasion de m'associer à vos efforts, pour honorer la mémoire du digne pasteur à qui, de longue date, j'ai voué des sentiments de haute estime et de chaleureuse affection. »

Cette lettre portait la date du 21 Janvier ; par décision du lendemain, S. M. l'Empereur voulait bien autoriser EXCEPTIONNELLEMENT l'inhumation de M. l'abbé Aubert, ancien curé de Saint-Remi, à Reims, dans l'église de cette paroisse.

Cette nouvelle remplit de joie tous les cœurs ; il semblait que la mort était vaincue, que le bon pasteur allait sortir vivant de son tombeau. Mais avant d'assister à cette sorte de résurrection, fixée seulement au 17 Février, je dois, pour suivre l'ordre chronologique que j'ai tenu à garder autant qu'il était possible, enregistrer ici mille autres glorieux témoignages.

On ferait un livre avec les nombreuses pages écrites à la louange de M. l'abbé Aubert, par tous ceux qui l'avaient connu et que l'éloignement, la maladie ou la nécessité empêchèrent d'assister à ses obsèques. Hélas ! parmi ces cris de douleur poussés par les absents, il en est un plus déchirant aujourd'hui que tous les autres, car il est devenu aussi sacré qu'il était cher ; c'est celui qui, parti de Rome, exprimait si éloquemment la vive émotion de Son Exc. Mgr Landriot. En effet, M. l'abbé Chartier, vicaire-général, qui fut en cette douloureuse circonstance, le digne interprète de son Archevêque, a déjà rejoint au ciel le bon curé qu'il pleurait alors avec ces accents empreints d'une tristesse si vraie :

« Monseigneur est profondément sensible à cette perte, et mêle les plus sincères regrets à ceux qu'emporte ce prêtre de foi et de cœur et d'œuvres. L'éloignement ne fait qu'ajouter au sentiment avec lequel Son

Excellence prend part à la douleur qu'éprouve la famille du regrettable M. Aubert, ses paroissiens, ses pauvres, ses nombreux amis et le clergé du diocèse tout entier.

» Ai-je besoin de dire, ajoutait-il, combien je m'associe à ces sentiments ? L'affectueuse cordialité du bon curé de Saint-Remi m'était très-chère, et je ne puis me faire à l'idée de revoir sans lui cette belle église qu'il a tant aimée, et ces grandes fêtes dont il était l'âme. »

Il existe à Reims un pieux usage ; quand une personne meurt, ses parents vont en grand deuil, le dimanche suivant, à la messe paroissiale pour assister à la recommandation. Ce salutaire honneur fut rendu à M. l'abbé Aubert. Tous ses fidèles enfants vinrent, avec la livrée des orphelins, mêler leurs larmes aux larmes de M. le curé de Saint-Maurice, qui eut la mission de remonter le premier dans cette même chaire où était monté, où s'était affaissé, huit jours auparavant, à la même heure, le confrère ami, le voisin bien-aimé, pour l'âme duquel il avait alors à solliciter une fervente prière.

Les habitants de Saint-Remi n'ont pas voulu s'en tenir à ces touchantes démonstrations. Quand, à force de pleurer, ils eurent tari la source de leurs larmes, ils trouvèrent un autre moyen de faire éclater les sentiments de leur piété filiale. « Elevons, s'écrient-ils, à la mémoire de notre père, un monument qui garde, avec le souvenir de sa charité, celui de notre amour. » Aussitôt une souscription est ouverte, et, en quelques jours, on recueille une somme qui dépasse DIX MILLE FRANCS. Il faut dire que la ville entière s'est associée à cet élan de générosité, que les riches et les pauvres ont voulu confondre leurs offrandes, comme ils avaient confondu leurs regrets.

M. l'abbé Aubert avait vraiment droit à ce témoignage durable de la reconnaissance de son peuple ; car ses bienfaits, eux aussi, doivent se perpétuer toujours.

Non content d'avoir aidé les malheureux pendant sa vie, il a voulu les secourir encore après sa mort. Il laisse pour eux, à son successeur (1), à peu près trente mille francs, qui doivent surtout servir à l'habillement des enfants pauvres de la première communion. Comment a-t-il pu réaliser une semblable économie? C'est grâce à un généreux enfant de Reims, M. Machet, mort à Versailles en 1861. Cet homme de bien, avant de quitter la terre, avait légué aux indigents de sa ville natale, une somme de soixante mille francs, à la condition qu'elle serait distribuée, dans un certain laps de temps, par son ancien camarade de collége, M. le curé de Saint-Remi ; or, tandis que l'heureux héritier disposait de ce secours extraordinaire, il ménageait ses ressources habituelles, il faisait ses réserves pour l'avenir.

Les finances de l'Eglise sont aussi dans l'état le plus prospère ; il reste dans la caisse de la fabrique plusieurs milliers de francs.

La seule bourse vide est celle du vénérable défunt, qui ne laisse aux siens ni argent ni dettes, mais qui leur transmet, comme héritage, un trésor dont ils sont infiniment plus fiers : sa réputation de BONTÉ, de CHARITÉ, de SAINTETÉ.

Quel magnifique testament! Comme il couronne dignement cette noble et utile existence! Autant il est sublime par le fond, autant il est admirable par la forme ; aussi rien ne fut jamais plus facile que la tâche de M. Charles Aubert, qui eut l'honneur, si justement mérité, d'être le légataire et l'exécuteur des volontés de son oncle.

---

(1) Par décret impérial, en date du 12 Février 1870, a été agréée la nomination faite par Mgr l'Archevêque de M. l'abbé Baye, vicaire de la cathédrale, à la cure de Saint-Remi, en remplacement de M. l'abbé Aubert.

Le bon curé ne se borne pas, dans ses livres, à aligner des chiffres, à établir un bilan sec et aride ; son cœur, son âme se révèlent jusque dans le règlement de ses comptes. Au chapitre de ses créances, par exemple, se trouve souvent cette charitable formule : « J'ai remis à M. X... telle somme ; mais je ne veux pas que cette avance constitue jamais aux yeux de qui que ce soit, une autre dette qu'une dette de conscience ; car je n'ai pas voulu changer seulement une misère de place et substituer une obligation à une autre, non ; mon prêt doit donc être considéré comme un don jusqu'au jour où le débiteur des pauvres pourra se libérer sans souffrir. »

La page des engagements est empreinte d'une sensibilité plus vive encore. Elle est divisée en deux ; il y a la colonne des obligations strictes ; le prix, l'échéance des pensions nombreuses à payer dans les divers établissements ouverts aux orphelins, aux infirmes, aux vieillards, aux sourds-muets. Il y a surtout la colonne des petites douceurs qu'il accordait, à peu près régulièrement, à ses pensionnaires des hospices :« Je donne, dit-il, sans entendre imposer la même charge à ceux qui viendront après moi, je donne à celui-ci ses chaussures ; je fournis à celui-là son tabac ; je porte à un autre ses étrennes... » Le bon curé se survit vraiment dans ce livre, qui restera comme le témoin le plus éloquent de son esprit d'ordre et de charité.

J'arrive enfin à la translation de mon héros, dans l'église où il attendra désormais l'heure de sa glorieuse résurrection. Cette cérémonie, pour laisser aux ouvriers le temps de disposer un caveau, avait été différée, nous l'avons dit, jusqu'au Jeudi, 17 Février.

L'exhumation de M. l'abbé Aubert eut lieu dès la veille, son cercueil, gardé par de pieuses personnes, passa la nuit chez le concierge du cimetière ; et le lendemain, de bonne heure, il fut exposé, sous un dais de tentures, à la porte du champ de repos.

On vit alors se renouveler tout entière, la touchante et solennelle démonstration du 12 Janvier. C'était la même affluence de parents, d'amis, de prêtres et de fidèles qui reparaissaient dans la même attitude. La levée du corps fut faite par M. l'abbé Juillet, vicaire-général ; le vénérable défunt, porté comme le jour de l'enterrement, par la corporation des charpentiers, rentra en ville par les rues Dieu-Lumière et Saint-Julien. Cette fois, les cordons du poële étaient tenus par MM. les curés de Notre-Dame, de Saint-Maurice, de Saint-André, de Saint-Thomas; MM. Leconte, Paguet, Guérin, Floquet, administrateurs de la fabrique ; MM. Lanson, juge de paix du troisième canton, Scarbonchi, commissaire de police, Homo, instituteur, et le directeur des frères.

Lorsque le cortége pénétra dans l'église, elle était déjà remplie comme aux grandes fêtes de Saint-Remi. La vaste basilique, encore plus triste qu'au jour des obsèques, disparaissait complètement sous les tentures ; l'abside, le chœur, la nef, entièrement tendus de noir, étaient garnis d'écussons qui redisaient les œuvres et les vertus de M. l'abbé Aubert (1). Au-dessus de la chaire,

(1) Voici la traduction des principaux textes imprimés sur ces écussons :

Je donnerai de grand cœur tout ce que j'ai, et je me donnerai moi-même pour le bien de mon peuple. (II, Corinth. XII, 15.)

Seigneur, j'ai aimé à embellir votre demeure et à orner le temple où habite votre gloire. (Ps. XXV, 8.)

Il a passé en faisant le bien. (Act. X, 38.)

Il a distribué et donné tous ses biens aux pauvres. (Ps. CXI, 9.)

Il fut sur la terre l'ami de ses frères, l'ami de tout le peuple d'Israël; au ciel, il priera sans cesse pour les fidèles de sa paroisse, et pour la cité tout entière. (Office de saint Remi.)

on lisait avec émotion : « *Que la paix soit avec vous...
Je vous bénis...* »

Quand la messe fut terminée, tous les assistants auraient voulu pouvoir se placer en face de l'orateur qui allait faire l'éloge funèbre du *père des pauvres*. On savait que pour louer le plus grand apôtre de la charité, on avait dû choisir le meilleur des panégyristes ; chacun tenait donc à ne pas perdre une seule parole. Tout le monde possède aujourd'hui, le discours qui fut alors prononcé par M. l'abbé Tourneur, archiprêtre, curé de Sedan ; il dit à ceux qui le lisent comme il avait dit à ceux qui l'ont entendu, si le chantre et son héros furent dignes l'un de l'autre.

Après l'absoute, le cortège se mit une dernière fois en marche ; c'était pour se rendre à la chapelle de Saint-Fiacre, où repose maintenant la dépouille mortelle de M. l'abbé Aubert. Il faut espérer que le monument qui doit faire revivre son image, son bon sourire, ses traits sympathiques, ne sera pas longtemps attendu (1).

J'ai fini, ô Père, et je dépose la plume. Ma piété filiale aurait désiré pouvoir vous tresser une couronne plus digne avec les fleurs si belles et si nombreuses du champ que vous avez cultivé ; du moins, tenez compte de mon seul mérite : MA BONNE VOLONTÉ ; tenez compte de mon seul désir : VOUS SUSCITER DES IMITATEURS.

Mais je n'oublie pas que vous êtes en ce moment auprès de Dieu, du moins c'est ma douce et solide espé-

---

(1) J'apprends que les jardiniers de Saint-Remi, fiers et heureux de voir le tombeau de M. l'abbé Aubert dans la chapelle de leur saint patron, viennent de donner à la fabrique une somme de quatre cents francs, pour faire entourer d'une grille, cette chapelle et ce tombeau.

rance ; avant donc de vous quitter, je tombe à genoux,
et, au nom de tous vos parents, au nom de tous vos
amis, au nom de tous mes confrères, je vous adresse
cette prière : Du haut du ciel, répétez-nous encore et
toujours votre dernière parole de la terre : *Je vous
bénis...*

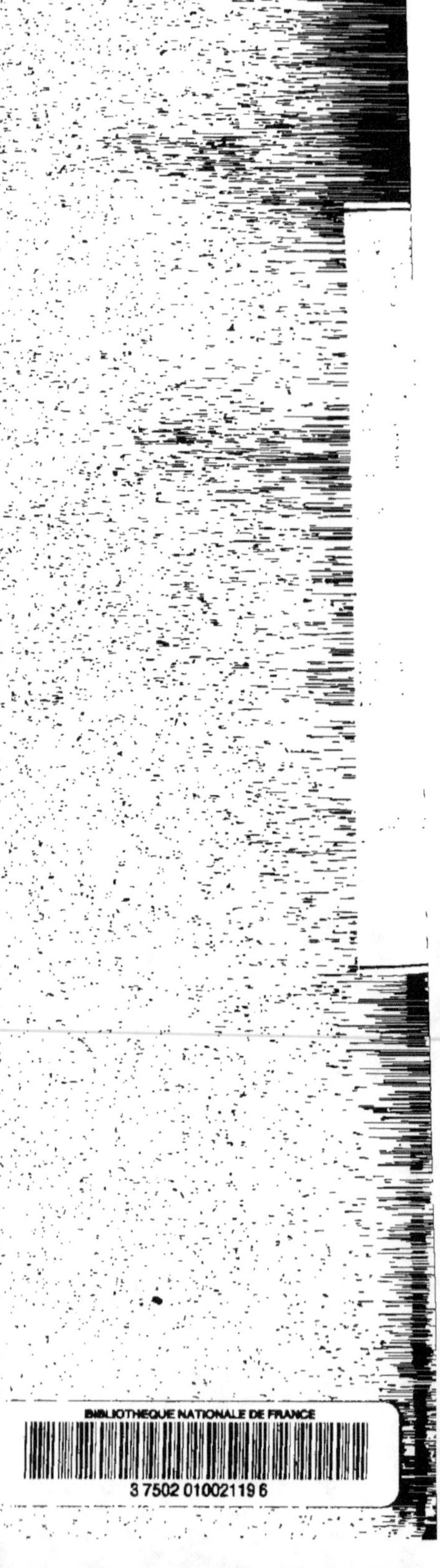